कविताएँ

बापू

बापू

रामधारी सिंह 'दिनकर'

लोकभारती प्रकाशन

लोकभारती प्रकाशन
पहली मंजिल, दरबारी बिल्डिंग, महात्मा गांधी मार्ग
प्रयागराज-211 001

वेबसाइट : www.lokbhartiprakashan.com
ईमेल : info@lokbhartiprakashan.com

शाखाएँ : 1-बी, नेताजी सुभाष मार्ग, दरियागंज
नई दिल्ली-110 002
अशोक राजपथ, साइंस कॉलेज के सामने
पटना-800 006
1, अनमोल सोराबजी सन्तुक लेन, धोबी तलाव,
मरीन लाइंस, मुम्बई-400 002

पहला संस्करण : 1947
दूसरा संस्करण : 1948
तीसरा संस्करण : 1999
पाँचवाँ संस्करण : 2024

मूल्य : ₹395

मुद्रक : बी.के. ऑफसेट
नवीन शाहदरा, दिल्ली-110 032

BAPU
Poems by Ramdhari Singh 'Dinkar'

ISBN : 978-81-19996-43-8

दो शब्द

बापू के इर्द-गिर्द कल्पना बहुत दिनों से मँडरा रही थी। कई बार छिट-पुट स्पर्श भी हो गया, किन्तु तूलिका कुछ ज्यादा कर पाने में असमर्थ रही। तसवीर तो अधूरी अब भी है, किन्तु, इस बार जो-कुछ बन पड़ा, उसे पुस्तकाकार में प्रकाशित कर देना ही अच्छा जान पड़ा। अपनी असमर्थता का रोना रोते हुए कब तक निश्चेष्ट रहा जाए?

कविता का एकाध अंश ऐसा है जिसे स्वयं बापू, शायद पसन्द न करें। किन्तु, उनका एकमात्र वही रूप तो सत्य नहीं है जिसे वे स्वयं मानते होंगे। हमारे जातीय जीवन के प्रसंग में वे जिस स्थान पर खड़े हैं, वह भी तो भुलाया नहीं जा सकता।

यह छोटी-सी पुस्तक विराट् के चरणों में वामन का दिया हुआ क्षुद्र उपहार है। साहित्य-कला से परे, इसका एकमात्र महत्त्व भी इतना ही है। आशा है, बापू के दर्शक, प्रशंसक और भक्त इस तुकबन्दी में अपने हृदय के भावों का कुछ प्रतिबिम्ब अवश्य पाएँगे। इति।

जून, 1947

—दिनकर

दूसरे संस्करण का वक्तव्य

'बापू' कविता की रचना उस समय हुई थी, जब बापू नोआखाली की यात्रा कर रहे थे। लेकिन देश के दुर्भाग्य से इस कविता का भाव-क्षेत्र नोआखाली तक ही सीमित नहीं रहा। पिछली बार जब बापू बिहार आए, तब यह कविता उनके सम्पर्क में रहने वाले कई लोगों ने सुनी थी। 'वह सुनो, सत्य चिल्लाता है' वाले अंश को सुनकर मृदुला बेन बोल उठीं कि बापू की ठीक यही मनोदशा थी। लेकिन, कौन जानता था कि भविष्यवाणी इतनी जल्द पूरी हो जाएगी और हमें पुस्तक के दूसरे संस्करण में ही बापू की मृत्यु पर रचित शोक-काव्य को भी सम्मिलित कर देना होगा?

रामनवमी, 1948 ई.

—प्रकाशक

क्रम

बापू

[1]

संसार पूजता जिन्हें तिलक,
  रोली, फूलों के हारों से,
मैं उन्हें पूजता आया हूँ
  बापू! अब तक अंगारों से।

अंगार, विभूषण यह उनका
  विद्युत् पीकर जो आते हैं,
ऊँघती शिखाओं की लौ में
  चेतना नई भर जाते हैं।

उनका किरीट, जो कुहा-भंग
  करते प्रचंड हुंकारों से,
रोशनी छिटकती है जग में
  जिनके शोणित की धारों से।

झेलते वह्नि के वारों को
जो तेजस्वी बन वह्नि प्रखर,
सहते ही नहीं, दिया करते
विष का प्रचंड विष से उत्तर।

अंगार हार उनका, जिनकी
सुन हाँक समय रुक जाता है,
आदेश जिधर का देते हैं,
इतिहास उधर झुक जाता है।

आते जो युग-युग में मिट्टी—
का चमत्कार दिखलाने को,
ठोंकने पीठ भूमंडल की
नभ-मंडल से टकराने को।

अंगार हार उनका, जिनके
आते ही कह उठता अम्बर,
"हम स्ववश नहीं तब तक जब तक
धरती पर जीवित है यह नर।"

अंगार हार उनका कि मृत्यु भी
जिनकी आग उगलती है
सदियों तक जिनकी सही
हवा के वक्षस्थल पर जलती है।

पर, तू इन सबसे परे, देख
तुझको अंगार लजाते हैं,
मेरे उद्वेलित-ज्वलित गीत
सामने नहीं हो पाते हैं।

[2]

बापू! तू वह कुछ नहीं, जिसे
ज्वालाएँ घेरे चलती हैं,
बापू! तू वह कुछ नहीं,
दिशाएँ जिसको देख दहलती हैं।

तू सहज शान्ति का दूत, मनुज
के सहज प्रेम का अधिकारी,
दृग में उड़ेल कर सहज शील
देखती तुझे दुनिया सारी।

धरती की छाती से अजस्र
चिर-संचित क्षीर उमड़ता है,
आँखों में भर कर सुधा तुझे
यह अम्बर देखा करता है।

कोई न भीत; कोई न त्रस्त्र;
सब ओर प्रकृति है प्रेम-भरी,
निश्चिन्त जुगाली करती है
छाया में पास खड़ी बकरी।

[3]

भू पर तो आते वे भी जो
जीता या हारा करते हैं,
मिट्टी में छिपे अनल को अपनी
ओर पुकारा करते हैं।

जीते लपटों के बीच मचा
धरणी पर भीषण कोलाहल,
जाते-जाते दे जाते हैं
भावी युग को निज तेज-अनल।

पर, तू इन सबसे भिन्न ज्योति
जेताजेता से महीयान,
कूटस्थ पुरुष! तेरा आसन
सबसे ऊँचा, सबसे महान।

क्या हार-जीत खोजे कोई
उस अद्भुत पुरुष अहन्ता की,
हो जिसकी संगर-भूमि बिछी
गोदी में जगन्नियन्ता की!

संगर की अद्भुत भूमि, जहाँ
पड़ने वाला प्रत्येक कदम—
है विजय; पराजय भी जिसकी
होती न प्रार्थनाओं से कम।

संगर की अद्भुत भूमि, नहीं
कुछ दाह, न कोई कोलाहल;
चल रहा समर सबसे महान,
पर, कहीं नहीं कुछ भी हलचल।

[4]

देवों को जिस पर गर्व, योग्य
उस शुचिता के वसुधा भी है,
नर में है जहाँ विकार अमित,
अन्तर्हित वही सुधा भी है।

सबने देखे विद्वेष-गरल,
तूने देखा अमृत-प्रवाह,
सबने बड़वानल लिया, लिया
तूने करुणा-सागर अथाह।

नर के भीतर की दुनिया में
है कहीं अवस्थित देवालय,
सदियों में कभी-कभी कोई
मरमी पाता जिसका परिचय।

देवालय, सूना नहीं, देवता हैं,
लेकिन, कुछ डरे हुए;
दानव के गर्जन-तर्जन से
कुछ भीति-भाव से भरे हुए।

मानवता का मरमी सुजान!
आया तू भीति भगाने को,
अपदस्थ देवता को नर में
फिर से अभिषिक्त कराने को।

तू चला, लोग कुछ चौंक पड़े,
'तूफान उठा या आँधी है?'
ईसा की बोली रूह, 'अरे!
यह तो बेचारा गांधी है!'

दुनिया ने चाहा प्रश्न करे,
क्या कहिए इस दीवाने को?
दो बूँद सुधा लेकर निकला
है जग की आग बुझाने को।

पर, तू न रुका; सीधे अपने
निर्दिष्ट पन्थ पर जा निकला,
पद-चिह्नों को देखते हुए
पीछे-पीछे इतिहास चला।

[5]

इतिहास चला, पर, नहीं मुग्ध
होकर ज्वलन्त भाषाओं से,
वह चला स्वयं प्रेरित होकर
अपनी अस्फुट आशाओं से।

मानवता का इतिहास, युद्ध के
दावानल से जला हुआ,
मानवता का इतिहास, मनुज
की प्रखर बुद्धि से छला हुआ।

मानवता का इतिहास, मनुज
की मेधा से घबराता-सा
मानवता का इतिहास ज्ञान
पर विस्मय-चिह्न बनाता-सा,

मानवता का इतिहास, निराशा
से टकरा कर फिरा हुआ;
मानवता का इतिहास, आपदाओं
में आकर घिरा हुआ।

मानवता का इतिहास विकल,
हाँफता हुआ, लोहू-लुहान;
दौड़ा तुमसे माँगता हुआ
बापू! दुखों से सपदि त्राण!

[6]

पर, त्राण, कहाँ? किस्मत के लाखों
भोग अभी तक बाकी हैं
धरती के तन में एक नहीं
सौ रोग अभी तक बाकी हैं।

जल रही आग दुर्गन्ध लिये,
छा रहा चतुर्दिक विकट धूम,
विष के मतवाले कुटिल नाग
निर्भय फण जोड़े रहे घूम।

द्वेषों का भीषण तिमिर-व्यूह,
पग-पग प्रहरी हैं अविश्वास,
है चमू सजी दानवता की,
खिलखिला रहा है पर्वनाश।

पर, हो अधीर मत मानवते!
पर, हो अधीर मत मेरे मन!
है जूझ रही इस व्यूह-बीच
धरती की कोमल एक किरण।

अब प्रश्न नहीं, यह एक किरण
किस तरह द्वन्द्व से छूटेगी,
है प्रश्न, व्यूह पर इसी तरह
बाकी किरणें कब टूटेंगी?

बापू ने राह बना डाली,
चलना चाहे, संसार चले,
डगमग होते हों पाँव अगर
तो पकड़ प्रेम का तार चले।

[7]

दानवता से मैं भी अधीर,
    नर पर मेरा भी सहज प्यार,
मैं भी चाहता पकड़ पाऊँ
    इस अमिट प्रेम का क्षीण तार।

पर, हाय, प्रणय के तार! छोर
    बस एक हमारे कर में है;
क्या अन्य छोर भी इसी तरह
    आबद्ध अपर अन्तर में है?

उत्तर दे सकता कौन? शान्त,
    मेरे शंकाकुल कुटिल हृदय!
जब तक शंकाएँ शेष, नहीं
    दर्शन दे सकता, तुझे प्रणय।

चाहता प्रेम-रस पाना तो
हिम्मत कर, बढ़कर बलि हो जा,
मत सोच, मिलेगा क्या पीछे,
पहले तो आप स्वयं खो जा।

है प्रेम-लोक का नियम, सहन कर
जो बीते कुछ बोल नहीं;
है पाँव खड्ग की धारा पर,
चल बँधी चाल में, डोल नहीं।

[8]

ली जाँच प्रेम ने बहुत, मगर
बापू तू सदा खरा उतरा,
शूली पर से भी बार-बार
तू नूतन ज्योति-भरा उतरा।

प्रेमी की यह पहचान, परुषता
को न जीभ पर लाते हैं,
दुनिया देती है जहर, किन्तु,
वे सुधा छिड़कते जाते हैं।

जाने कितने अभिशाप मिले,
कितना है पीना पड़ा गरल,
तब भी नयनों में ज्योति हरी,
तब भी मुख पर मुस्कान सरल।

सामान्य मृत्तिका के पुतले,
हम समझ नहीं कुछ पाते हैं,
तू ढो लेता किस भाँति पाप
जो हम दिन-रात कमाते हैं?

कितना विभेद! हम भी मनुष्य,
पर, तुच्छ स्वहित में सदा लीन,
पल-पल चंचल, व्याकुल, विषण्ण,
लोहू के तापों के अधीन।

पर, तू तापों से परे, कामना-जयी,
एकरस, निर्विकार,
पृथ्वी को शीतल करता है,
छाया-द्रुम-सी बाँहें पसार।

[9]

इतिहास आँकती है गाथा,
था भरत-भूमि का एक भाग,
संयोग, अकारण वहाँ कभी
फुंकार उठे विकराल नाग।

विष की ज्वाला से दह्यमान
हो उठा व्यग्र सारा खगोल,
मतवाले नाग अशंक चले
खोले जिह्वाएँ लोल-लोल।

हंसों के नीड़ लगे जलने,
हंसों की गिरने लगी लाश,
नर नहीं, नारियों से होली
खेलने लगा खुल सर्वनाश।

कामार्त दानवों के नीचे
जगदम्बा काँप उठीं थर-थर,
पर, साथ आज ही खड्ग नहीं,
पर, साथ आज ही नहीं जहर।

लपटों से लज्जा ढको, कहाँ हो?
धधको, धधको घोर अनल!
कब तक ढक पाएँगे इसको
रमणी के दो छोटे करतल।

नारी का शील गिरा खंडित,
कौमार्य गिरा लोहू-लुहान;
भगवान भानु जल उठे क्रुद्ध,
चिंघार उठा यह आसमान।

पर, हिली नहीं कुरु की परिषद्,
पर, हिले नहीं पांडव सभीति,
ललकार कौंध कर चली गई,
रह गए सोचते धर्म-नीति।

बापू! तू कलि का कृष्ण,
विकल आया आँखों में नीर लिये,
थी लाज द्रौपदी की जाती
केशव-सा दौड़ा चीर लिये।

[10]

इतिहास! परख नूतन विधान,
पन्ने समेट ले पुराचीन
बापू ने कलम उठाई है
लिखने को कुछ गाथा नवीन।

थी पड़ी दृष्टि पहले भी क्या
तेरी ऐसे नर नामी पर,
जो खुले पाँव निःशंक घूमता
हो साँपों की बामी पर?

विस्मय है, जिस पर घोर
लौह-पुरुषों का कोई बस न चला,
उस गढ़ में कूदा दूध और
मिट्टी का बना हुआ पुतला!

सारे सम्बल के तीन खंड,
दो वसन, एक सूखी लकड़ी,
सारी सेनाओं की प्रतीक
पीछे चलने वाली बकरी।

दानव की आँखों में अशंक
अपनी आँखें डालते हुए,
कुछ घृणा कलह से नहीं,
प्रेम से ही उसको सालते हुए,

बापू आगे जा रहे जहर की
बाढ़ निघटती जाती है;
सहमी-सहमी-सी अनी तिमिर की
पीछे हटती जाती है।

[11]

वह सुनो सत्य चिल्लाता है,
ले मेरा नाम अँधेरे में,
करुणा पुकारती है मुझको
आबद्ध घृणा के घेरे में!

श्रद्धा, मैत्री, विश्वास, प्रेम,
बन्दी हैं मेरे सभी लोग,
धिक्कार मुझे जो सहूँ किसी—
के भय से मैं इनका वियोग।

देवता चाहते हैं जाऊँ,
मैं सत्वर उन्हें बचाने को,
या कारागृह में कूद स्वयं
बँधने को या जल जाने को।

मत साथ लगे कोई मेरे,
एकाकी आज चलूँगा मैं,
जो आग उन्हें है भून रही
उसमें जा स्वयं जलूँगा मैं।

एकाकी, हाँ, एकाकी हूँ,
डसना चाहे तो व्याल डसे,
करुणा को जिसने ग्रसा,
बढ़े आगे, मुझको वह काल ग्रसे।

मैत्री, विश्वास, अहिंसा को
जिस महा दनुज ने खाया है,
है कहाँ छिपा! ले ले, भोजन
फिर वैसा ही कुछ आया है।

बामी से कढ़ बाहर आवे,
वह दनुज मुझे भी खाने को,
मैं हो आया तैयार प्रेम का
अन्तिम मोल चुकाने को।

भर गया पेट इतने से ही?
मुझको खाने की चाह नहीं?
पर, याद रहे, मैं सहज छोड़—
देने वाला हूँ राह नहीं।

बामी-बामी पर घूम-घूम
मैं तब तक अलख जगाऊँगा,
जब तक न हृदय की सीता को
तुमसे वापस फिर पाऊँगा।

या दे दूँगा मैं प्राण
खमंडल में हो चाहे जो उपाधि,
मानवता की जो कब्र वही
गांधी की भी होगी समाधि।

[12]

पाताल, तलातल, अतल, वितल
को फोड़ महीतल पर सरसो
अयि सुधे! गगन से धार बाँध
धरती पर द्रुत बरसो-बरसो।

हो रहा बड़ा अतिकाल, मही को
भरो, भरो रस-धारा से,
अपनी लहरों पर लो उछाल
बापू को विष की कारा से।

यह नहीं प्रतिज्ञा बापू की,
विपदा है गहन-गम्भीर खड़ी,
बन हठी जहर के कीचड़ में
धरती की है तकदीर खड़ी।

बापू जो हारे, हारेगा
जगतीतल का सौभाग्य-क्षेम
बापू जो हारे, हारेंगे
श्रद्धा, मैत्री, विश्वास, प्रेम।

श्रद्धा, विश्वास, क्षमा, ममता,
सत्यता, स्नेह, करुणा अथोर,
सबको सहेज कर बापू ने
सागर में दी है नाव छोड़।

भँवरों में यों मत नचा इसे,
मत इसे तरंगों पर उछाल;
चिर-सहज क्षुब्धता को समेट
शीतल हो जा अम्बुधि विशाल।

देवों की भी है साँस रुकी,
सागर! सागर! हो सावधान!
है लदी हुई इस नौका पर
मानवता की पूँजी महान।

यह डूब गई तो डूबेंगे
मानवता के सारे सिंगार,
यह पार लगी तो धरती की
घायल किस्मत भी लगी पार।

अन्धड़ के झोंके नाच रहे,
है नाच रहा विप्लव कराल,
बाँसों उठ-उठ फण पटक रहा
सागर का यह विक्षुब्ध व्याल।

नाविक दृग मूँदे, हाथ जोड़,
जा बैठा लोक, अपर में है,
भगवान! सँभालो, नौका को
पतवार तुम्हारे कर में है।

[13]

बापू! मैं तेरा समयुगीन;
　　है बात बड़ी, पर कहने दे;
लघुता को भूल तनिक, गरिमा
　　के महासिन्धु में बहने दे।

यह छोटी-सी भंगुर उमंग,
　　पर, कितना अच्छा नाता है,
लगता है पवन वही मुझको
　　जो छूकर तुझको आता है।

सच है कि समय के स्मृति-पट पर
　　रवि-सा होगा तू भासमान,
हम चमक-चमक बुझ जाएँगे
　　क्षीणायु, क्षणिक उड्ड के समान।

पर, कहीं राम-सा साथ-साथ
तेरे पीछे चल पड़ा देश;
बापू! मैं तेरा समयुगीन
होकर हूँगा उपकृत विशेष।

[14]

तू कालोदधि का महास्तम्भ,
आत्मा के नभ का तुंग केतु,
बापू! तू मर्त्य-अमर्त्य,
स्वर्ग-पृथ्वी, भू-नभ का महासेतु।

तेरा विराट यह रूप कल्पना-
पट पर नहीं समाता है,
जितना कुछ कहूँ, मगर कहने
को शेष बहुत रह जाता है;

लज्जित मेरे अंगार; तिलक-
माला भी यदि ले आऊँ मैं,
किस भाँति उठूँ इतना ऊपर?
मस्तक कैसे छू पाऊँ मैं?

ग्रीवा तक हाथ न जा सकते,
उँगलियाँ न छू सकतीं ललाट,
वामन की पूजा किस प्रकार
पहुँचे तुझ तक मानव विराट?

[जनवरी, 1948 ई.]

वज्रपात!

टूटा पर्वत-सा महावज्र
सब तरह हमारा ह्रास हुआ,
रोने दो, हम मर-मिटे हाय,
रोने दो सत्यानाश हुआ।

है तरी भँवर के बीच और
पतवार हाथ से छूट गई;
रोने दो हाय अनाथ हुए,
रोने दो किस्मत फूट गई!

कैसा अभाग्य! अपने हाथों ही
हाय स्वयं हम छले गए,
यह भी न पूछ सकते बापू!
क्यों हमें छोड़ तुम चले गए?

पापी! तूने क्या किया हाय?
किस पर यह दारुण वार किया?
यह वज्र गिराया कहाँ हाय?
किसका अकरुण संहार किया?

वह देख फटी किसकी छाती?
पहचान, कौन निश्चेत गिरा?
किसकी किस्मत में आग लगी?
किसका उगता सौभाग्य फिरा?

यह लाश मनुज की नहीं,
मनुजता के सौभाग्य-विधाता की;
बापू की अरथी नहीं, चली
अरथी यह भारत माता की।

तप से पवित्र यह देह और
वह हँसी अमृत देने वाली,
चालीस कोटि की नौका को
वह एक मूर्ति खेने वाली,

अब नहीं मिलेगी कहीं, नयन!
दर्शन की व्यर्थ न आस करो,
बापू! सचमुच ही चले गए,
भोली श्रुतियो! विश्वास करो।

बापू सचमुच ही गए, निखिल
भूमंडल का श्रृंगार गया,
बापू सचमुच ही गए, विकल
मानवता का आधार गया!

बापू सचमुच ही गए, जगत से
अद्‌भुत एक प्रकाश गया;
बापू सचमुच ही गए, मृत्ति पर
से हरि का आभास गया।

किरणें समेट फिर नबी एक
भूतल को कर श्रीहीन चला,
फिर एक बार मोहन यसुदा को
सभी भाँति कर दीन चला!

यह अवधपुरी के राम चले,
वृन्दावन के घनश्याम चले,
शूली पर चढ़कर चले ख्रष्ट,
गौतम प्रबुद्ध निष्काम चले।

प्यासे को शोणित पिला, तोड़
कोई अपनी जंजीर चला,
दानव के दंशों पर हँसता
वह स्वर्ग-देश का वीर चला।

धरती को आकुल छोड़,
मनुजता को करके म्रियमाण चले,
बापू दे अन्तिम बार जगत को
हृदय-विदारक दान चले!

आकाश विभासित हुआ, भूमि से
हरि का लो! अवतार चला;
पृथ्वी को प्यासी छोड़ हाय,
करुणा का पारावार चला।

चालीस कोटि के पिता चले,
चालीस कोटि के प्राण चले,
चालीस कोटि हतभागों की
आशा, भुजबल, अभिमान चले।

यह रूह देश की चली अरे
माँ की आँखों का नूर चला,
दौड़ो, दौड़ो, तज हमें
हमारा बापू हमसे दूर चला।

रोको, रोको नगराज! पन्थ,
भारतमाता चिल्लाती है,
है जुल्म! देश को छोड़ देश की
किस्मत भागी जाती है।

अम्बर को रोको राह, बढ़ो,
नगराज! शून्य में जा ठहरो,
बापू वह भागे जाते हैं,
चरणों को बढ़ पकड़ो-पकड़ो।

पकड़ो वे दोनों चरण, पकड़ कर
जिन्हें हमें सौभाग्य मिला;
पकड़ो वे दोनों चरण, जिन्हें
छूकर जीवन का कुसुम खिला!

पकड़ो वे दोनों चरण, दासता
जिनके सेवन से छूटी,
पकड़ो वे दोनों पद जिनसे
आजादी की गंगा फूटी।

जल रहा देश का अंग-अंग,
शीतल घन को पकड़ो-पकड़ो,
भारतमाता कंगाल हुई,
जीवन-धन को पकड़ो-पकड़ो;

है खड़ा चतुर्दिक काल,
दासता-मोचन को पकड़ो-पकड़ो,
माता खा गिरी पछाड़,
भागते मोहन को पकड़ो-पकड़ो!

है बीच धार में नाव खबर है
प्रलय-वायु के आने की,
थी यही घड़ी क्या हाय, हमारे
कर्णधार के जाने की?

दौड़ो, कोई जा कहो, नाव
किस्मत की डूबी जाती है,
बापू! लौटो, अंचल पसार,
भारतमाता गुहराती है।

किस्मत का पट है तार-तार,
हा! इसे कौन सी पाएगा?
बापू! लौटो, यह देश
तुम्हारे बिना नहीं जी पाएगा।

अपनी विपन्नता की गाथा
यह रो-रो किसे सुनाएगी?
बापू, लौटो, भारतमाता रो
बिलख-बिलख मर जाएगी।

दुनिया पूछेगी कुशल हाय,
किससे क्या बात कहेंगे हम?
बापू! लौटो सिर झुका
ग्लानि का कैसे दाह सहेंगे हम?

लौटो अनाथ के नाथ,
देश की ईति-भीति हरने वाले।
लौटो हे दयानिकेत देव
शत पाप क्षमा करने वाले!

लौटो, दुखियों के प्राण!
निःस्व के धन! लौटो निर्बल के बल!
लौटो, वसुधा के अमृतकोष!
लौटो भारत के गंगाजल!

लौटो, बापू! हम तुम्हें
मृत्यु का वरण नहीं करने देंगे,
जीवन-मणि का इस तरह
काल को हरण नहीं करने देंगे।

लौटो, छूने दो एक बार फिर
अपना चरण अभयकारी,
रोने दो पकड़ वही छाती
जिसमें हमने गोली मारी।

करुणा की सुनो पुकार, फिरो,
या अपनी बाँह दिये जाओ,
संतप्त देश को राम-सदृश
हे बापू! साथ लिये जाओ।

[31 जनवरी, 1948 ई.]

अघटन घटना, क्या समाधान?

उस दिन अभागिनी संध्या को
अभिशप्त गोद में गिरे
देश के पिता,
राष्ट्र के कर्णधार,
जग के नर-सत्तम,
भारत के बापू महान्
प्रार्थना-मंच पर इन्द्रप्रस्थ के अंचल में
गोली खाकर।

कहने में जीभ सिहरती है,
मूर्च्छित हो जाती कलम,
हाय, हिन्दू ही था वह हत्यारा!

तब भी बापू की छाती से
करुणा ही अन्तिम बार वेग से बह निकली
शोणित का बनकर स्रोत; स्यात्
मानव के निर्घिन चरम पाप को देख विकल
लज्जित होकर हो गई लाल
गंगाजल-सी परिपूत,
दूध-सी निर्मल-धवल अहिंसा ही।

कूटस्थ पुरुष ने किया मृत्यु का सहज वरण,
बोले केवल 'हे राम!' और आनन्दलीन
आनन पर धारे शान्ति जोड़ कर-कंज गिरे
प्रार्थना-निरत होकर अदृश्य के चरणों पर;
अन्तिम प्रार्थना न होती जिसका अन्त कभी।

काँपा सहसा ब्रह्मांड,
प्रकृति चीत्कार उठी,
रुक गई सृष्टि के उर की एक घड़ी धड़कन,
मानो, तीनों गोलियाँ गई हों
समा उसी की छाती में।
यह महाभयानक दृश्य!
देख रवि सहम उठा;
रह सका नहीं स्थिर कैसे भी मन को सँभाल,
अस्ताचल पर गिर गया विकल, मूर्च्छित होकर।

डरता-डरता चन्द्रमा क्षितिज-पट से निकला,
पर, देख न वह भी सका जगत को आँख खोल;
घन में छिप चलता रहा रात-भर सहम-सहम।

पातक का भीमाकार एक पर्वत अपार
आ गिरा धमकता इन्द्रप्रस्थ की छाती पर,
मानो, भू पर कूदा हो कुम्भीपाक नरक!
कलमला उठा नीचे आकुल हो शेषनाग;
दिल्ली डोली, सारे जग में भूडोल हुआ।

आकाश काँपता पूछ उठा, "क्या हुआ अरे?"
सागर सहस्र मुख से बोला, "अम्बर! यह क्या?"
तब सिसक-सिसक बोला समीर, "बापू न रहे;
गोली से डाला मार उन्हें उन्मत्त एक हत्यारे ने
जो हिन्दू था।"

शोकाकुल हो रो उठा निखिल संसार,
स्वर्ग सन्तप्त हुआ;
कुम्हला करके झुक गए कल्पतरु के पत्ते;
हरि के सिंहासन की मणि तेजोहीन हुई;
हो गए मूक परियों के सतत-मुखर नूपुर;
सुरपुर में छाया शोक, मौन हो गया वियत,
इन्द्रासन की चाँदनी अमा की रात हुई।

दिक्काल-बन्ध को भेद विकलता का प्लावन
यों बढ़ा कि मानो, ब्रह्मा की रचना विशाल
इस शोक-सिन्धु में ही हो जाएगी विलीन।

सहसा अतीत के गह्वर में कुहराम मचा,
पूछने परस्पर लगी विगत सदियाँ अधीर,
तुमने देखी थी कभी क्रूरता क्या ऐसी?
ऐसा पातक? ऐसी हत्या? ऐसा कलंक?
कोई कुछ बोली नहीं; मौन सोचती रही,
"हिन्दू भी करने लगे अगर ऐसा अनर्थ
तो शेष रहा जर्जर भू का भवितव्य कौन?"

तब भारत का इतिहास व्यग्र होकर निकला
पूछते हुए, "अब तो छाती की बुझी आग?

देखे थे अगनित पाप और
थी लिखी मलिनता भी उनकी,
पर, आज किया जो कुछ तुमने
मैं उसे देख थर्राता हूँ।
जो लिखूँ इसे तो राम-कृष्ण की
पोथी पर कालिख लगती,
धरती का उज्ज्वलतम चरित्र
पल में मलीन हो जाता है।
जो नहीं लिखूँ तो भी जघन्य
यह पाप छोड़ कर तुम्हें
और किसके सिर पर मँडराएगा?

"सोचो, तुमने क्या किया;
गोलियाँ किसकी छाती में मारीं
घायल हो सृष्टि कराह रही,
उर-उर से रुधिर टपकता है।
है चोट प्रकृति को लगी,
विश्व के उर में गहरा घाव लगा;
सुर-नर, दोनों, छटपटा रहे हैं मर्म-बेधिनी पीड़ा से।"
विस्मय है चारों ओर गहन,
सब सोच रहे व्याकुल-विषण्ण,
"यह क्या हो गया अचानक ही?"

"यह क्या हो गया?" पूछते हैं
नभ के अबोध नक्षत्र, विकल;
"यह क्या हो गया?" पूछती हैं
अवसन्न दिशाएँ चकित, मौन;
"यह क्या हो गया?" पूछती है
उठ-उठ पिछली प्रत्येक सदी;
"यह क्या हो गया?" पूछता है
जग का समीपवर्ती भविष्य।
अघटन घटना, क्या समाधान?

काँटे भी जिसके पाँव तले
कोमल होकर मुड़ जाते थे,
पत्थर को भी था ध्यान,
कहीं छाले न चरण में पड़ जाएँ!

छाया देते थे जलद और
श्रद्धा से जिसके आस-पास
झंझा भी हो जाती दिनीत,
मलयानिल व्यजन डुलाता था।

वसुधा अपने वक्षस्थल पर
जिसको चलते-चलते निहार
आनन्द-मग्न हो जाती थी,
कहती थी हो सुख में विभोर—
"यह अहोभाग्य!
मेरे वक्षस्थल पर सदेह हैं घूम रहे भगवान स्वयं।"

जिस पुण्य-पुरुष के दर्शन से
जन-मन हो उठता था पवित्र,
देखा न जिन्होंने कभी
प्रेम से सुनते थे वे भी चरित्र

आते ही जिसका रुचिर ध्यान
मन में भर जाता था सुवास;
इस एक कल्पना से ही नर
उड़ने लगता था अनायास—
"हम बापू के हैं समयुगीन,
एक ही समय, एक ही काल
है किरण सूर्य की वही जो कि
बापू जी को नहलाती है
हम साँस ले रहे वही वायु
जो छूकर उनको आती है।
है धन्य विधाता
जिसने गांधी-युग में हमको जन्म दिया।"

जिसकी विनम्रता के आगे
कुंठित हो जाती थी कराल
तलवार शर्म से सकुचाकर।
अंगार बर्फ बन जाते थे,
लगते थे पद चाटने सिंह
घर के पालतू हरिण-जैसे।

हाँ, यह भी हुआ कि एक बार
जाँघों पर आ बैठा भुजंग;
मुड़ इधर-उधर, कुछ सूँघ-साँघ
जाने, क्या खुशबू मिली!
सरक कर धीरे-धीरे उतर गया;
यह सोच, न कोई जहर यहाँ,
फिर मैं ही क्यों यह पाप करूँ?
निर्विष शरीर में दंश मार
क्यों नरक-कुंड में वृथा पड़ूँ?

पर, तुम साँपों से भी कराल,
काँटों से भी काले निकले
खाली कर दी पिस्तौल
उसी निर्गरल पुरुष की छाती में
जो शीतल था चन्द्रमा-सदृश
निष्कलुष कमल-सा कोमल था

काँपा न हृदय, सहमे न प्राण,
सामने देखकर भी बापू को
हाय, बँधी मुट्‌ठी न हिली;
या जब वे गिरने लगे हाय।
तुम लज्जा से मर भी न गए।

जग माँग रहा है समाधान,
"क्यों बापू पर गोलियाँ चलीं?"
आने वाली पीढ़ियाँ यही पूछेंगी,
क्या उत्तर दूँगा?

क्या मुख ले आगे बढ़ूँ?
सदी पर सदी गरजती आएगी;
क्या होगा मेरा हाल
सही उत्तर न अगर वह पाएगी?

लिखता हूँ होकर, अतः वज्र
ये वर्ण अमिट काले-काले,
अधिकार किसी को नहीं,
सत्य के मुखड़े पर पर्दा डाले।

लिखता हूँ कुंभीपाक नरक के
पीब-कुंड में कलम बोर,
बापू का हत्यारा पापी
था कोई हिन्दू ही कठोर।

कायर, नृशंस, कुत्सित, पामर,
दनुजों में भी अति घृणित दनुज;
मानव न जिसे पहचान सके,
ऐसा जघन्य विकराल मनुज।

सोचा, क्यों बिना विभेद किये
सब पर ठंडक यह बरसाती;
पापी ने डाली फाड़ चाँदनी
की करुणा-विह्वल छाती।

असहिष्णु नहीं सह सका, छाँह
सब को देता क्यों तरु उदार;
निर्मम ने निधड़क चला दिया
पादप के धड़ पर ही कुठार।

खल ने सोचा, निस्सीम जलद
क्यों धरती पर खुलकर बरसे?
इससे अच्छा है पानी को
हम भी तरसें, जग भी तरसे।

वारिद के पावन तूल-पुंज में
पामर ने दी फूँक आग;
जल गया जगत का दया-मेघ,
जल गया सुधा-पूरित तड़ाग।

चाँदनी मरी, पादप सूखा,
जलकर वारिद हो गया शेष,
जग के समक्ष काले मुख पर
वध लिये खड़ा है हिन्द-देश।

पापी! यों ही तुम खड़े रहो
सदियों के सम्मुख झुका शीश,
भोगो हत्या का कुटिल दंश;
भोगो वध की विष-भरी टीस।

निर्वाक्, उपेक्षित खड़े रहो,
गरदन में वध का कफन डाल;
बोलोगे मनोव्यथा किससे?
पूछेगा आकर कौन हाल?

देखो, वे सूरज और चाँद
तुमसे कतरा कर जाते हैं;
खग-मृग भी चलते चौंक
तुम्हारी छाया से घबराते हैं।

जग में सबसे हिलती-मिलती
सदियों पर सदियाँ आएँगी,
बस, एक तुम्हारे पास पहुँच
वे आँख बचा बढ़ जाएँगी।

जीवन-जुलूस से दूर खड़े
तरसोगे तुम बतियाने को
हमदर्द किसी हमराही को
अन्तर की व्यथा सुनाने को।

हरि के हिय में दे शूल, वद्ध
निर्दोष पिता का घात करे,
है कौन यहाँ जो उस जघन्य
पापी से भी दो बात करे?

हाँ, एक दयामय था ऐसा
जो सब को गले लगाता था;
पातक पर दे पद-धूलि
पापियों को बढ़कर अपनाता था।

यह देह उसी की गिरी टूट,
पापी! अब भी तो होश करो;
गति नहीं अन्य, गति नहीं अन्य,
इन चरणों को पकड़ो-पकड़ो!

रोओ मिट्टी से लिपट, गहो
अब भी ये चरण अभयकारी;
रोओ, भुज में भर वही वक्ष
जिसमें तुमने गोली मारी।

रो-रोकर माँगो क्षमा,
त्राहि! धरती न पाप से फट जाए
आसेतु-हिमाचल विकल, व्यग्र
यह भूमि न कहीं उलट जाए।

पातकी देश पर बरस पड़े
हरि का न कहीं कटु कोप-अनल,
धँस पड़ें न पर्वत-कूट कहीं,
उड़ जाए नहीं नदियों का जल।

टल जाएँ न पीड़ित मेघ कहीं
अन्यत्र तुम्हारा छोड़ व्योम;
वध-ग्रसित तुम्हारे अम्बर में
उगना न छोड़ दें सूर्य-सोम।

बहना न छोड़ दे पवन कहीं,
हो जाए न उडुओं की विरक्ति;
सूखें न शस्य, मारी न जाए
इन खेतों की उर्वरा-शक्ति।

आकाश नाच कर गिरे नहीं,
हो सागर में पृथ्वी न लीन;
जल उठे न औचक किसी रोज़
यह देश तुम्हारा भाग्यहीन।

धरती विदीर्ण हो सकती है,
अम्बर धीरज खो सकता है;
बापू की हत्या हुई, किसी भी दिन
कुछ भी हो सकता है।

रो-रो कर माँगो क्षमा,
अश्रु से करो पितृ-शव काऽभिषेक,
अगुणी, कृतघ्न जन के अब भी
हैं बापू ही आधार एक।

करुणामय, करुणाप्राण, निखिल
अशरण पतितों की एक शरण,
जग को देने को अमल
मृत्यु का किया जिन्होंने स्वयं वरण।

पहचानो, कौन चला जग से?
पापी! अब भी कुछ होश करो।
गति नहीं अन्य, गति नहीं अन्य,
इन चरणों को पकड़ो-पकड़ो।

[6 फरवरी, 1948 ई.]

बापू

जो कुछ था देय, दिया तुमने, सब लेकर भी
हम साथ पसारे हुए खड़े हुए हैं आशा में,
लेकिन, छींटों के आगे जीभ नहीं खुलती,
बेबसी बोलती है आँसू की भाषा में।

वसुधा को सागर से निकाल बाहर लाए,
किरणों का बन्धन काट उन्हें उन्मुक्त किया;
आँसुओं, पसीनों से न आग जब बुझ पाई
बापू! तुमने आखिर को अपना रक्त दिया।

[*धूप और धुआँ,* 1949]

भारत का आगमन

कुछ आए शर-चाप उठाए राग प्रलय का गाते,
मानवता पर पड़े हुए पर्वत की धूल उड़ाते।

कुछ आए आसीन अनल से भरे हुए झोंकों पर,
गाँथे हुए मुकुट-मुंडों को बरछों की नोकों पर।

कुछ आए तौलते कदम को मणि-मुक्ता, सोने से,
कुछ आए बाँधते जगत का मन जादू-टोने से।

दानदक्ष अंजलि में सबके लिए लिये कल्याण,
सहज, धीर गति से आए, बस, एक तुम्हीं गुणवान।

तुम आए, जैसे आते सावन के मेघ गगन में,
तुम आए, जैसे आता हो संन्यासी मधुवन में।

तुम आए, जैसे आवे जल-ऊपर फूल कमल का,
तुम आए, भू पर आवे ज्यों सौरभ नभ-मंडल का।

निज से विरत, सकल मानवता के हित में अनुरत-से,
भारत! राजभवन में आओ, सचमुच, आज भरत-से।

हवन-पूत कर में सुदंड नव, जटाजूट पर ताज,
जगत देखने को आएगा, संन्यासी का राज।

[*धूप और धुआँ*, 1947-48]